정운이의 정원

권정운
시집

月刊文學 출판부

시인의 말

풋내 나는 시이지만,

시를 향한 극진한 마음을
꾹꾹 눌러 담았습니다

오직 설렘으로
간절함으로

시를 향한 고백이
어느새 한 권이 되었습니다.

2025년 盛夏의 季節

權貞雲

차례

시인의 말 003

1부
추억이 사는 집

솟대 010
추억이 사는 집 011
거미의 사업장 012
오빠의 귀가 014
슬하의 시간 016
오후 3시를 넘기다 017
정운이의 정원 019
여름방학의 길이 020
그 찻집의 시작 021
배드민턴 022
꿀밤 024
쌀집 참새 025
소리 나는 아파트 026
겨울의 끝자락 028
가을 소풍 029
옷은 아직 젊다 030

2부
두툼한 손

재네들은 왜 강남 안 가 034
교차로 035
시간 밖에 서서 036
백지 한 장 037
가슴앓이 038
가로등에게 039
소나무 왈 040
두툼한 손 041
도화동 대지기 042
노년의 시간 044
괘종시계 045
동서살이 046
돌잔치 047
언덕의 풀꽃 048
연경산의 팔월 049
뒤따라온 편지 050

3부
그림자 셋

관광버스와 들녘 052
정혼자 053
날갯짓 054
당신의 존재 055
아버지 056
친구의 출근길 057
그림자 셋 058
은신처 059
수아 060
호랑이오빠 061
할머니 틀니 062
학원 참새 떼 063
대국 북망산 064
밤을 밝히는 녹음 066
애칭의 힘 067
노년의 운동장 068

4부
유채꽃 사랑

모기의 만찬 072

새해맞이 074

다정다감한 이별, 그 이후 075

그의 편 076

유채꽃 사랑 077

순하게 나이 들다 078

감기 079

볕뉘에 출렁거리다 080

배다리시장 081

내 집 식구 082

큰언니 083

속앓이 084

골초 085

명품 규수 086

절반의 마음 087

혼자 드실라우 088

5부
성장기 온도

거지의 보물자루 092

미래문고 093

얇은 봉투 094

인천공설운동장 095

소리 없이 다가오다 096

소윤이와 21일 098

성장기 온도 100

다이어트 101

배고팠던 세상 102

밥 먹고 가 104

녹봉의 주름 105

나 언제 쉬리오 106

내가, 이 집에 다시 올 수 있을까 108

성모당 개미동네 110

건전지 112

만추 113

해설 115

1부

추억이 사는 집

솟대

저 새는
공중을 딛고 한 자리에 서 있다

인간의 소원은
왜 이리 높은 것인지

지상으로 내려오지 못하고
나무 끝에 매달려 있다

아무리 발버둥쳐도
늘 그 자리

번개 치는 밤
두려워도 울지도 못하는 새
날개조차 없다

추억이 사는 집

작은 호흡도 눈빛도 끼어 넣고
문장을 완성했다

한 그루 큰 나무 간판
종달새처럼 속삭이던 문예 옛집
토요일 오후
우리는 함께한 추억을 들고 모여든다

늘 그랬듯이
마주보는 맨 앞줄은 팔순의 어르신 자리
생각의 탑이 높아 그늘을 드리운다

정이 들고 나던 공간에서
백지에 생각이 찍히던 시절
한 행 한 행 시간의 지문이 선명하다

오래된 기억이 저 옛집의 추녀끝에
차곡차곡 달려 있다

거미의 사업장

벽돌 한 장 없이
허공에 짓는 무허가 건물 한 채
설계도와 시방서는 보이지 않는다

시계방향으로
한 칸 한 칸 방이 늘어난다
꽁무니 창고에 쌓인 질긴 로프
뒷발로 자르고 엮는 건축자재는 넉넉하다

단순하지만 정밀한 공법
환히 보이는 틈과 틈이 집을 지킨다
바람만 통과하는
투명하고 끈적한 로프는 치명적이다

나들이 가는 하루살이
외식하러 가는 날파리
밤길 나선 나방
방심한 꿈을 결박하기 위한 원룸은
생계 수단이자 노후 대책을 위한

거미의 위장 사업장이다

분양을 알리는 현수막도 내걸지 않고
광고지도 돌리지 않았다
그저 조용히 웅크리고 앉아
입주자가 찾아오길 기다릴 뿐이다

완성된 한 채의 집이 고요하다

오빠의 귀가

노동을 마치고 축 처진 어깨
하루해를 지고 버스에서 내린다

철길 너머 희미하게 보이는
초가집 불빛
온기가 가슴에 닿는다

그림자가 앞서 걷고
발소리가 뒤따라간다

가난의 바람에 등 떠밀린 장남
병든 노모와 어린 누이
온종일 작업등 불빛 아래 아픈 상처 때우고 왔다

추운 살림살이에 혼기마저 놓친 텅 빈 마음
그 무게를 지고 걷는다

오늘은 어느 빙판을 건너왔을까
그리움이 시작되는 곳은 언제나 춥다

인기척 먼저 집으로 들여보낸 오빠
생각에 젖어 어둠 속에 서 있다

슬하의 시간

삼월의 꼬리가 밟힌다

아들 생일
챙겨주지 못한 아쉬움이
전화선을 타고 달려간다

잠시 머물다 오는
깔끔한 인사
엄마 고맙습니다

어린것들의 소꿉놀이
깨진 장난감 바구니 안에 수북한
손때 묻은 플라스틱 소방차, 경찰차
아이들의 웃음소리도 담겨 있다

품 안의 시간은 여기까지일까

밀고 당기며 먼길 와준 중년의 아들들
어느 사이
조금씩 내 손을 놓는 중인가

오후 3시를 넘기다

꽃들이 슬며시 눈을 뜰 때
비바람 맞으며 오후가 된 사람들
엉거주춤 모퉁이를 돌았다

하던 일 멈추고 옮기는 걸음
어디쯤일까
어렴풋이 하늘을 올려다본다

오작동의 몸은 삐걱거리고
어느 손이 쓰다듬었을까
훌쩍이는 하루가 또 간다

온다는 문자도
왔다는 노크도 없는데
헝클어진 머릿속
내 몸 치부도 가리지 못한다

오후 3시가 넘은 이들
눈가의 이슬로 마음을 꺼내 놓고
가을 담은 한마디 말조차 흔들리고 있다

정운이의 정원

이름 뒤에 숨어
어둑어둑 살아온 삶
빛을 등지고
꽃을 피우지 못한 시간도 많았다

숱한 바람에 흔들리며
부실한 나의 뿌리를 붙잡았다
한 그루 나무가 되기까지
그 가지에 새가 날아들 때까지

강보에 싸인 그날부터
조심조심 여기까지 버텨온 삶
부모 형제 지인들 나의 울타리였다

언제부턴가
새들의 노래가 담긴 정원엔
철따라 꽃이 피기 시작했다

메마른 세상

단비가 되어 준 사람들
내 정원에 아름답게 피었다

여름방학의 길이

목청을 다듬는 느티나무
한여름의 연주가 뜨겁게 달아오른다

매미처럼 신나게 놀고 있을 때
따르릉, 따르릉!
중간점검

개학이 코앞이다

넉넉할 것 같던 여름방학
밀린 숙제를 채근하는
짧은 꼬리만 남았다

즐거운 시간은 검문을 당하고
얼굴 붉히는 반성이 무릎을 꿇는다

소란한 오후 2시
매미는 일제히 경보를 울린다
따르릉, 따르릉!

그 찻집의 시작

약속보다 늦게 들어서는
그의 첫마디
"늦더라도 삼사십 분은 서로 기다려 줍시다"

맞선 본 후 첫 번째 만남
날카로운 강한 인상
자신만만한 첫 모습과는 달리
허술한 틈새가 보인다

남남끼리 어우러진다는 건
살얼음판에서 미끄럼을 타는 일
아무리 힘든 길이라도
손잡고 함께 가야 한다

부부의 인연은 긴 여정의 선물
반백년에 구부러진 노후
느린 걸음 덮어둔 하루가 또 가고

삼사십 분 지나도 더 기다려야 하는 주차장
그 약속은 갈림길까지 유효하다

배드민턴

홍분이 출렁이는 홈그라운드
춤추는 만국기 오색 풍선도
공정한 심판을 보겠다는 선서를 다짐한다

오리 깃털 14개
셔틀콕 무게 4.73g
가벼운 오리 한 마리 경계를 넘는다

잽싸게 달려드는 라켓이 매섭다
처박힐 듯 고꾸라지지만
다시 살려내는 기술에
오리는 공중을 딛고 매트를 넘나든다

엉덩이를 얻어맞은 오리
깃털 하나 빠져 나간다

치열한 응원 소리
달아오른 승부욕에 피로마저 물러선다

동호인들 후광 등에 업은 사명감
기량을 뛰어넘어 하늘을 난다

꿀밤

긴 수염 할아버지
위엄 있는 목소리로
동네 아이들에게 예의를 가르치셨다

곰방대 쳐들어 겁을 주어도
빤히 바라만 보는 철없는 이마에
주먹 꿀밤이 날아들었다

조기교육 TV도 없던 시절
천방지축 동네 코흘리개들
이웃 언니 오빠들은
온 동네 아이들 돌봄 지킴이였다

교복을 입고 골목에 모여 담배를 피우는 학생들

따끔한 꿀밤,
그 꿀밤조차 그리운 오늘이다

쌀집 참새

싱그러운 아침 햇살
때맞추어 참새 떼 몰려오면
신흥동 충남상회 서터가 열린다

좌판의 오색 잡곡
지천으로 먹고, 싸고
하늘을 꽉 채우는 배부른 소리
흐트러진 낟알은
어미새가 주워 먹는다

코로나19로
자영업자 소상공인 아르바이트생
하루하루 생계가 닫혔던
위기의 순간들

주인은 햇살처럼
손 내미는 것들을 채워준다
맘껏 날아다니는 자연의 순리에
기꺼이 순종하고 있다

소리 나는 아파트

텅 빈 집
적막이 그녀를 감싼다
작은 소리마저 사라진 45평 큰집

아이들 웃음소리 여섯시 내 고향
세상 사는 먹거리장터 동네 한 바퀴
트롯트 가수 노래자랑에도 혼자 노는 TV 소리

영감은 손이 닿지 않는 먼 곳으로 떠나고
그녀의 손으로 손주들 다섯을 길러내었다

가까이 지내던 친구들 다 흩어지고
이웃들도 귀향이다 역세권이다
장래가 보이는 좋은 곳 찾아 모두 떠났다

핸드폰만 곁을 지키며
무릎관절 허리통증 골다공증 특효약 구매 소리친다

위층 1004호 밤 열 시가 넘는 시간

밥벌이하고 들어서는 식솔들
시야가 환해지는 소란한 소리
반갑다

이제 마음 놓고 푹 잠들 수 있다

겨울의 끝자락

긴 겨울 벗어던지고
봄 캐러 나온 사람들
찬바람에 몸을 움츠린다

성급하게 봄을 안내한 홍매화
빨갛게 볼을 붉히며
찬바람 뒤에 숨는다

느긋이 기다리지 못해
앞질러 온 봄
겨울의 끝자락을 밟고 있다

겨울이 떼 지어 다니며
기웃기웃 남겨둔 미련

대문 앞 매직으로 크게 쓴 문구
'옷 갈아입는 중'

가을 소풍

설렘을 싸들고 모두 모였다
양손에 묵직한 층층 찬합
푸른 잔디 어디쯤 자리 펴고
하늘을 볼까

아침 해는 시소를 타고
지난밤 미리 그려본 풀벌레들 노랫소리
깃털 같은 구름에 마음을 얹는다

우뚝 선 나무들은 한들한들
가을의 고운 속살이 손끝에 만져지고
연인들이 누빈 길 따라
드넓은 광장에는 하트가 춤을 춘다

한가롭게 떠 있는 뭉게구름
해거름까지 불어오는 선선한 바람
덥지도 춥지도 않은 가을이

바깥에 우리를 세워두고
집으로 돌려보내지 않는다

옷은 아직 젊다

아껴둔 옷들
차례차례 사계절을 꺼내본다
혼자 뒤처진 것 같아
함께 가자는 마음에 옷을 입힌다

이 옷은 동창회 때 입어야지
이 옷은 잔칫날 입어야지
철따라 유행이 바뀌고
동행했던 외출은 그리 많지 않았다

동호회, 문학 모임
활동 범위 하나하나 좁아지고
하릴없이 옷이 놀고 있다

터지고 허술해지면
미련 없이 떠날 텐데
옷은 아직 젊다

그때 기분에 맞춰 선택한 옷들

옷장 안에서
늙어 가는 주인을 빤히 바라본다

2부

두툼한 손

쟤네들은 왜 강남 안 가

늦잠은 달콤하다
이불 속에서 꼼지락꼼지락
베개를 베고 나란히 늦은 아침을 누린다

창문을 두드리는 짹짹짹
어서 일어나라고 참새가 아침을 쫀다

제비들은 강남 갔는데
쟤네들은 왜 강남 안 가나?
집이 여긴데 어디를 가
쟤들은 텃새야, 텃새

질문을 주고받는 나이든 부부

나도 쟤들처럼
내내 당신 곁에서 꼼짝하지 않고
텃새처럼,
텃세를 부리며 살아야지

교차로

전방 10미터 방향지시
삼색 신호등만 바라보고
도로를 질주한다

신호등 앞에 섰다

내가 나에게 경고하는 안전거리
차선 변경은 연이나 행을 만드는 일
깜박이는 시심을 켜고
목적지인 글쓰기 장소로 향한다

목표는 오늘도 시 한 편 쓰기

통행의 안전성은
독자가 들어올 문을 만드는 일

글쓰기의 교차로
시인과 독자가 만나기 위해
같은 길을 달린다

시간 밖에 서서

첫단추 하나 잘못 꼈는데
모양새가 비틀어지고
하루의 일과가 어긋난다

다니던 길도 자칫 엉뚱해서
약속된 시간 밖을 헤맨다

휴대폰에 저장된 약도를 들고
암탉 쫓는 수탉처럼 이리저리 사납다

같은 곳을 물어도
생각이 다른 사람들
가리키는 곳은 제각각 색이 다르다

세상이 공존할 수 있는 색은
하나가 아니다
빨주노초파남보가 지구를 돌게 한다

백지 한 장

한 발짝씩
길을 내는 썰물

밀물이 오기 전
진흙탕 갯벌 속에서
시를 캐내야 한다

짠물이 고인 갯골에 숨은 시어들

놓쳐버린 문장, 빈손이다

하루 이틀
퇴고의 갯바위를 기어오른다

생각이 갯바위에 부서지고
물보라가 흩어진다

여전히 백지 한 장만 남았다

가슴앓이

등받이 긴 의자에
걸터앉아 생각을 모은다

생명을 품고 있는
작은 씨앗들

머리끝만 겨우 내민
싹을 끌어안고
한 잎 한 잎 살펴 적는다

어느덧 어스름에 발끝이 젖는다

시 한 편을 품고
자리에서 일어선다

가로등에게

저녁 무렵 부스스 눈을 뜨고
밤을 지키는 너는

내 집을 기웃거리는
검은 그림자를 알고 있지

그래그래, 그렇게
버티고 서서 어둠을 밝혀주렴

혹여, 하늘나라 언니가 묻거든

졸다가 막 잠이 들었다고
잘 있다고 전해 주렴

소나무 왈(曰)

쟤넨 부잣가 봐

난 사철 단벌뿐인데

철 따라 갈아입는
알록달록 색동옷

추석빔으로
새빨간 단풍잎 한 벌
짝 빼입고

유산까지 받았는지
초역세권으로 떠난다네

두툼한 손

초롱초롱 어린 눈에 비치던
허연 긴 수염

부뚜막에 놓았다 양지쪽에 널었다가
소낙비 피해 말리던 내 운동화
밤이면 잠자는 딸 눈저울로 재어보던
검고 두툼한 손은 측량줄이었다

꼬깃꼬깃 묵직해진
주머니 속 쌈짓돈
나들이 갈 때 담배냄새 나는 돈은
막내딸 주전부리가 되었다

철부지 키우려는 당신의 숨은 뜻
아버지 사랑은 점점 높아만 갔다

몽당연필에 두 손이 업혀 써내려 간 글씨
연필심 부러지면 마주보며 씨익 웃던
주름진 아버지의 두툼한 손

도화동 대지기

키 큰 미루나무 두 그루
수호신처럼 동네를 지키는
일명 도화동 대지기

초여름이 시작되는 계절
음력 오월오일 단옷날
만국기 펄럭이며 흥을 돋우고
높다란 나무에 그네를 달아
풍년을 기원하는 민속놀이가 열렸다

씨름판 남정네들 맘껏 힘을 자랑하고
담장 너머를 힐끔거리던 처자들
단오절 힘을 빌려
홍치마 남치마 휘날리며 그네를 탔다

모내기 끝내고 풍년을 기원하는 기풍제
아랫동네 윗동네
혼례를 꿈꾸는 처녀총각
자연스럽게 중매 시장이 열리고

청춘 남녀들 높은 미루나무 꼭대기까지
가슴은 부풀어 올랐다
남녀가 서로를 염탐하는 수릿날이었다

노년의 시간

여름에게 호되게 얻어맞은 중노인
가을이 좋은지 늘그막에 깨닫는다

반백에 들어서니 쥐락펴락하던 몸뚱이
구석구석 지쳤는지
아무 때나 봇물이 터지듯
온몸에서 쏟아내는 땀

노년에 들어서니
빽빽하던 뒤통수도 휑하다
수호신처럼 약지에 끼운 누런 실반지
언제 빈손이 되었는지 행선지가 숨어버렸다

여전히 되풀이되는 놓쳐버린 정신줄
바람 앞 촛불처럼 흔들린다

어디서 고장이 났는지 누수 탐지기를 불렀다
수년을 지켜낸 숨소리
거침없던 몸짓들이 조용조용 녹슬어 있다

괘종시계

밤 12시 통금 사이렌이 울리기 전
소리 죽여 사르르 대문 빗장을 연다
어스름한 불빛 안방문 힐끔거리며
숨죽인 발소리 허리 접어 들어선다

아빠와 한편이 된 불알시계는
눈치 없이 12번 땡땡 자정을 알리고
동시에 울리는 통금 사이렌
깊이 잠든 안방을 흔들어 깨운다
문지방 넘어오는 종 소리만큼 큰, 아빠의 호령
땡땡 13번을 친다

"기어이 통행을 넘기고
이제야 기어 들어오는 겨, 말만한 년이!"

대청마루에 천연스레 걸린 벽시계
나는 사납게 쏘아보며,
너 내일부터 밥* 주나 봐라

   * 하루에 한번 태엽을 감아 벽시계 밥을 주었다.

동서살이

호칭 앞에서 꼼짝도 못 하는
형님 아우
시어머니보다 더 어렵기만 한
기죽는 동서살이

서열은 분명해서 깍듯이 섬겼다
낯설고 두려워도 긴 시간 동행했다

어느 새 시간은 흘러
미운정 고운정에 서로를 품어주는 푸근한 사이

늙은 소나무들
몇 개씩 링거를 꽂고
구부러진 무릎관절 허리도 분재처럼 치켜세워
피톤치드 받으며 휴식 중이다

소나무 가지 끝에 달린 솔방울들
언제, 어디까지 손잡고 동행할까

돌잔치

어른들도 한몫 재롱이다

호기심이 가득한 아기
세상 모르는 어린 고사리손이 바쁘다
손짓 몸짓 따라
한 생애 몫까지 담긴 웃음이 따라다닌다

세상을 시작하는 첫걸음
돌잡이가 시작된다
쌀 떡 돈 실꾸러미 청진기 골프채
장난감 과일 의사봉 금팔찌
함박웃음 덕담이 쌓인다

어른들이 억지로 꿰맞추는 염원
어느 것 하나 소중하지 않은 것 없다

명이 길다는 실타래를 목에 건 돌잡이
아이의 큰 세상은 상 위에 올라가
한 발 한 발 인생놀이 연습 중이다

언덕의 풀꽃

가은 스승님 시집을 손에 들었다
'언덕의 풀꽃'
세월을 모아 풀꽃으로 엮어 만든 화관이다

다급히 다가서는 시간의 물살에 떠밀리며
울먹임을 소리 없이 삼킨다

내 나이 제곱으로 달리는 140km
성난 파도 허옇게 거품을 일구어
온몸을 시어로 채우고 싶은
얼마 남지 않은 시간

그녀의 1, 2, 3 시집은 손에 가벼웠지만
몇g 되지 않은 4집의 무게는
나의 숨 고르지 못한 방황으로
시집 무게에 휘청거린다

연경산의 팔월

짙은 녹색으로 갈아입은 연경산
천천히 한 발 한 발 오르는 숲속
나무들은 깊은 숲내음을 뿜어낸다

산속으로 들어갈수록
살이 타는 듯 비릿한 냄새
숨결을 지닌 녹색 풀들의 피 냄새가
코를 찌른다

사람만 불볕더위로 사투를 벌이는 줄 알았다

바람을 앞세우던 위풍당당한 나무들
거친 숨도 꾹꾹 누르며
불같이 달아오른 뙤약볕과 맞붙었다

자연을 어긋낸 많은 일들
썰물처럼 밀려온다

뒤따라온 편지

우편함에서 낯선 편지가 같이 놀라며
우체통처럼 빨개진 얼굴로 두리번거린다

버스 정류장에서 나눈 인사
가라앉지 않는 설렘
들고 있던 봉투조차 개봉하지 못했다

부부의 인연의 시간이
다가오는 줄도 모르고
걸음걸이 덤벙이며 물들였던 눈록(嫩綠)
타인의 시선이 집중된
그날의 태양은 여전히 빛났다

떠오르는 추억 되살려 곱씹어도
흠이 되지 않는 나이

아득히 밟혀 오는 저 틈새
그 소리 자락자락 따라온다

3부

그림자 셋

관광버스와 들녘

관광버스 타고 가다 내다본 들녘
누런 황금빛이 알차다

가뭄에 논밭 쩍쩍 갈라졌어도
목마름 이겨낸 것은
고스란히 지아비 힘이었다

잔손질 많던 어린 자식들
한 살림 가득 채워주고
여의살이도 보내놓고

그림자 긴 가을 햇살
노을빛 아래 팔 베고 쉬는 듯하다

뼈대만 삐죽삐죽 남은
잘려나간 벼 그루터기
추수 끝난 들녘
남은 날의 또 다른 시작이다

정혼자

어느 여행지에서 돌아오다
고속도로 휴게실 한쪽
음악 소리 웃음 소리 엿가락 소리
웅성이는 일행과 합세했다

나의 배우자는 각설이옷 걸치고
너덜거리는 모자도 뒤집어쓰고
잡다한 생각 털어내는 듯
전통 각설이보다 흥이 넘치게 온몸을 흔들었다

함께한 수많은 시간이 지나갔지만
알 수 없는 배우자의 내면
가까워서 감출 수밖에 없던 갈증이었나

각설이옷을 입고
퇴고의 모자를 쓰고
배우자 앞니 열두 개가 보이도록
활짝 웃게 하는, 나는 시의 정혼자이다

날갯짓

인천에서 서울 언니네 가는 길
어린 조카들 좋아서 뛰었던 소리만큼
더 크게 철컥철컥 한강다리 함께 건넌다

어젯밤 꿈에 이모가 왔는데
정말 이모가 왔네 이모,
와! 이모다, 이모

이제는 모두 나라의 기둥
중년이 되어도
그때 감정은 여전해서 꼭 끌어안으며
소리 없는 울음을 내리누른다

부러질 듯 젖어드는 날갯짓
이모 사랑 실어 나르는 나의 왕자들
하늘 아래 있는 모든 것은 다 너희들 것이다

당신의 존재

어제잖아, 결혼기념일
정말 자존심 상하네

한날한시 어른이 됐지만
손에 들고 있던 것 졸다가 놓친 기분

사랑으로 존중해야 할 날
속이 꼬여 따져야 한다는
옹졸함으로 똘똘 말린다

외출 후 집 찾아드는 건강한 당신
뱃살 없는 굽은 등
굵은 나이 검버섯

어제 그리고 내일도 마주잡을 손
해거름 대문을 잠그지 않아도
당신의 헛기침으로도 든든한 집 안

늙수그레한 부부 건강이 최고의 선물이다

아버지

오랫동안 삶이
추우셨는지

삼복더위를 끼고
먼 세상 떠나셨다

한쪽 작은 방
그냥 거기 계시다가

눈 속에 넣어 가시는지
몇 번 끔벅끔벅
독사진 크게 한 장 남기셨다

친구의 출근길

어둠을 관통하는 침묵
조급한 출근길

더 자고 싶은 단잠을 흔들어
바람과 함께 손잡은 힘찬 하루
뒤뚱이는 그림자를 밟는다

나이마저 깊게 들어서니
곤두박질치며 지친 노역의 끈
쉼없이 삶을 다독여도
가늘기만 한 여린 살림살이

어디쯤일까
잔해가 남은 긴 시간도 가만히 품어본다

모퉁이를 돌면 삶의 환승장
불가능이라 했던 표정으로 슬쩍 훔쳐본다

그림자 셋

어두운 새벽 알람 소리
온몸으로 깨우는 신호에 출근을 서두른다

별빛과 섞이는 발자국
가로등 불빛은 저마다
이 한 몸 이끌고 가는 경호원들
그림자 세 개는 호위무사 되어 따라간다

얼기설기 구부러진 길
다리가 휘청 마음을 밟아도
살짝만 둘러보면
저 너머 내일의 봄날이겠지

세 아이들 등뒤에 슬며시 앉아 있는
내 이름은 엄마라고 힘을 주는 친구
휘어진 시간도 당당하고 바르게 간다

은신처

촛불을 밝혀도
무릎을 꿇어도 마음이 어수선하다

고전이 꽂힌 작은 책장
침대와 장롱 사이 디귿자 만들고
그곳에 내 몸 끼워 앉힌 의자
쓰임이 적어 밀어냈던 원목 찻상이다

디귿자에 기대어 두 손 모으는 시간만은
누구에게도 들키고 싶지 않아
풀포기에 숨어 있는 미물같이
마음도 끌어안고 몸도 움츠려 본다

선한 눈망울도 침묵의 입술도
시간이 답이 되는
하늘과 밀착시킨 나만의 아늑한 둥지
눈 감고 귀 열고 하루를 만든다

수아 ——루시아 손녀

캄캄해야 엄마가 오는데
언제 캄캄해지나

고무젖꼭지 물고 퍼즐 끼워 맞추고
기저귀도 보송보송
장난감놀이도
할머니 사랑도 바닥이 나고
아파트 베란다마다 하나둘
창에 불이 켜지고
어둠이 내리는 시간

저 어두움, 까만색은 엄마 머리 색깔
낮과 밤을 구별해낸다

어린것 엄마 보고 싶은 색깔은
노랑일까 분홍일까 빨강일까

아니, 아니
너무 많이 참아서 파란 하늘색이다

호랑이오빠

풋고추 같던 어린 시절
호랑이가 집에 살았다
눈짓과 고갯짓으로
사람을 다루는 쪼그만 오빠

호랑이가 방 안에서
수염을 쓰다듬는 줄도 모르고
부엌에서 친구와 호랑이를
도마 위에 올려놓았다

어흥, 소리와 같은
화투패 뜨는 큰 소리에
소스라치게 놀란 토끼들
뒷탈이 두려워 없는 꼬리 감추며

가장 곱디고운 소리로
식사 대령이오

할머니 틀니

목욕탕 문을 살며시 닫고
이내 나오는 유치원 아이
이를 잡고 흔들어 본다
끄덕도 하지 않는 앞니가 서운한지
고개를 갸우뚱

외할머니는 식사를 끝나고
상을 물리자
세면대에서 틀니를 덜컹 꺼낸다
이쪽저쪽 닦더니, 틀니를
다시 덜컹 끼운다

할머니는 좋겠다
나도 크면
할머니처럼
꺼내서 닦아야지

학원 참새 떼

마주보며 키득거리는 참새들
서툰 대거리
탱글거리는 글소리가 풋과일 장터다

뒤꿈치 치켜올리는 틈에도
뛰놀고 싶은 마음 지우고
따라 읽는 글 소리는
애벌레 새순 갉아먹는 소리다

아는 것이 힘이라는 말
뒤뚱뒤뚱 더듬거리고
잔잔히 내리는 가랑비 속에
농부가 거두는 곡식단처럼
여린 뼈에 힘이 쌓여만 간다

지혜가 고개를 내밀고
살아가는 철학에
세상을 적시는 물소리 들릴 것이다

동트는 아침은 모두 참새들 것이다

대국 북망산*

나이 어린 중국 여자
흰 보에 싼 제물을 들고
잔발 띄기 아기걸음으로
무덤 사이사이를 비집고 산속 묘지를 간다

산소 앞에 흰 보를 깔고
곱게 차린 음식이란
밥사발만큼 큰 중국 빵 몇 개
그 앞에 큰절을 올린다

고개를 든 순간
배를 주린 동네 개구쟁이들
빵 한 개씩을 들고
용용 잡아 보라는 듯 달아난다

조상님께 드릴 제물을 몽땅 잃은 중국 여인
언덕 아래를 바라보며
분에 가득 차 두 팔을 휘젓더니
펄쩍 주저앉아 땅을 치고 이내 통곡한다

민족의 수치스러움이나 죄의식조차 모르는
배고픈 세상
이 죄를 누구에게 물을 것인가
  * 선인재단 자리.

밤을 밝히는 녹음

닫힌 밤의 길이 열리는 시간
풀잎으로 시의 둥지를 튼다
감각을 불태우는 푸른 언어들
생각의 집을 짓는다

서툰 걸음마를 가르쳐 주고
푸른 벌판에 뛰노는 것은
시를 살찌우는 녹색 문장들이다

이리저리 뼈를 맞춰 골격을 세우고
펌프질한 피가 온몸을 돌아갈 때
한 편의 시가 태어난다

삼복더위가 더듬지 않은 녹음이 없듯이
밤을 지새우지 않은 내 글은 없었다

생각에 불을 켜고 어둠을 밝히는
내 푸른 문장들

애칭의 힘

씨앗 하나
흙이 덮이고 뿌리를 내린다

둘째 큰집 조카
배정된 중학교 첫날
한없이 크게 보이는 학교 마당
낯선 교실 과목마다 온통 내리누르는 중압감
가방조차 짐이 되는 코흘리개

공부 잘하게 생긴 삼각형 머리
분필 묻은 선생님의 손
어린싹을 볕이 좋은 옥토에 옮겨 놓았다

'고 녀석'이라는 애칭

뿌리까지 건조해 앙상했던 그늘 속
'고 녀석'이라는 칭찬은
그를 인생의 맨 앞자리로 옮겨 놓았다

노년의 운동장

연분홍색 봄기운이 운동장을 맴돌고
높이 달린 만국기 춤추는 손짓
하늘처럼 새파란 일곱 살

'입학생 대 환영식'

하나둘, 셋 둘
새로운 세상
자음 모음의 서툰 걸음의 시작이

어느 사이 꽃피는 봄, 여름 능선을 지나
돋보기 너머로 훔쳐낸
부끄러운 70대 노년의 꿈
땀방울 씻어내고
잠시 난간에서 멈추다가 다시 또 간다

뒤늦게 추억을 둥글게 담아낸
바람소리 꽃무늬 품던 시간
익숙한 듯 낯선 시어들

끄적끄적 노년 글쟁이
그 시절 만국기는 더 높이 흔들리고 있다

4부

유채꽃 사랑

모기의 만찬

맛집으로 소문난 식당
잘 차려진 식탁 앞에 앉아
모기는 지금 행복하다

미끈한 허벅지살
부드러운 팔뚝살
모기들도 영계 같은
부드러운 고기를 좋아한다

사람들은 다이어트를 위해
채식을 하고 억지로 굶기도 한다는데
모기는 잦은 외식에 체중이 늘어 고민이다

어둠침침한 조명이 분위기까지 살려주고
새근새근 숨 쉬는 소리가 배경으로 깔리면
모기는 환호를 지르며
밤의 무도회를 열기도 한다

하지만 맛있다고 과식하면

날개가 몸무게를 이기지 못해
식탁에 코를 박고 혼절할 수도 있다

소문난 식당이
조문객 없는 장례식장이 될 수도 있다는 걸
모기들은 모른다

새해맞이

초저녁부터 누운 자리
비몽사몽 늦은 아침까지 끌고 왔다
예고가 없는 노동에
형광등은 입이 댓발이나 나왔다

새로 먹은 한 살
맛없는 나이를 먹는다
지난해에 다친 팔꿈치도
열을 내고 부어올라 티를 낸다

귀성길 꽉 막힌 도로
한해를 짊어지고 슬슬 기어간다
조상님을 섬기고
부모 형제를 만나는 기쁨이
사계절을 지탱할 힘이다

가족 자랑 음식 자랑 가풍 자랑
아이들 울다가 웃는 소리도 자랑이다.

다정다감한 이별, 그 이후

아기를 업고 문밖에서 어르다가
밤새 몇 번씩 젖 먹인 이야기
오줌 싼 기저귀 몇 번 갈아 채운 수다가
골목길에 모이던 이른 새벽
꽃동네 하루를 열었는데,

오랫동안 만나지 못한 할머니가 된 친구
우연히 도화동 성모당 미사 후 눈이 마주쳤다
반가운 마음에 서둘러 다가섰지만
가방도 뒤적뒤적, 머뭇머뭇
애매한 모자도 몇 번을 툭툭 털었다가 일어나 뒤뚱인다

어떤 시간을 보냈기에 시선을 피하고 싶은 것일까

한 달이 지나 또 친구는 모른 척 지나간다
그 친구 십사처 계단을 오르며 굽어진 허리
마음까지도 구부러진 꼬부랑 할머니다
그 모습으로
겨울 찬바람 속에서 기도하는 친구
몇 걸음 뒤에서 나도 같이 기도 손을 모은다

그의 편

바위처럼 흔들리지 않는다는
대기업에 입사해
가족의 생계를 짊어지고
윤택하게 살아온 명예로운 정년퇴직

제2의 인생을 새롭게 그려보고 싶어
도시를 벗어나 사계절과 손잡았다

광야 같은 허허벌판 낯선 곳
하늘도, 땅도, 바람도
타향 객을 알아보고
마음을 주지 않아 풀냄새조차 낯설다

하지만 그의 편이 있으니,

희미한 새벽이면 손끝으로 만져놓은 작물들이
늦깎이 부부의 단잠을 깨우는 소리
자연이 주는 알람 소리다

유채꽃 사랑

지평선 저 너머 봄옷 입는 소리
옷깃 여미는 꽃샘바람 밀어내고
포근한 햇살 다가와
악보의 음표처럼 노란 꽃이 터진다

발판을 노랗게 색칠하는 두해살이
보기만 해도 기쁨을 준다

연인들 숨겨둔 사랑
영원한 내 편 하나 만들고
유채꽃 얼굴에 볼을 비비는 깍지손
미래의 언약을 마음 깊이 저장한다

때맞춰 내미는 꽃들의 세계
그것들은 어디 숨었다 나오는 걸까

순하게 나이 들다

입에 슬기를 담아
촘촘하던 분노도 비워내고
맑은 한낮에는 삶을 충전했다

곱게 물들인 시간만 내일이 아니라
악과 선이 끓었던 시간도
다듬어서 물들인 푸른 날들이다

잠시 낮잠에서 깨어나
빗살 같은 햇살에 등을 맡기며
움켜쥐었던 꿈
나직이 배우는 곱게 물든 가을이다

나이 먹어 거듭 쌓아두는 지혜는
햇살과 같은 것
연륜이 담긴 한마디 말을
식별할 줄 아는 나이다

감기

오랜만에 친구가 찾아왔다
두툼한 외투를 걸치고
나를 반가워 한다

그는 장안에 한참 유행하는
브랜드를 쇼핑백 가득 담아 와
나를 머리부터 발끝까지 갈아입힌다

귓속에 담아 온 남의 험담에
온몸이 으슬으슬
혼란에 부푼 머릿속
신열이 끓는다

달갑잖은 친구의 방문
입술에 흔적으로 물집을 달아 놓고
선물이라며 나머지도 몽땅 안겨주고도
한 며칠 묵어가겠다고 한다

볕뉘에 출렁거리다

임자도 없는 문장 하나가
길을 잃고 다닌다

가물가물 보이지 않던 물체가 온방을 헤매다
창틈으로 들어온 볕뉘에
먼지처럼 아른아른 출렁인다

소리 없는 문장들 그때 보았다

열어 놓은 창문만큼 들어오는
뚜렷한 빛의 물체
누구와 만나는 결합도
인생의 전환점이다

그 빛 틈에서
작디작은 시어들 엇박자로 춤을 춘다

배다리시장

그날을 불러본다
이리저리 둘러보며
이것저것 입어보던 의상들
마냥 꿈을 키웠던 백화점

내 젊음을 끌고 온
아름답고 환한 시간

노년이 되어도 이어지는 설렘
지금도 그 시절을 찾아간다

그리운 배다리시장

내 집 식구

추석에 온 며느리
기울어진 찬장에 시선이 꽂혔다

어머니 그릇이 너무 무거워
내려앉을 것 같아요

십 년이 넘으니 시집 살림이
제집 같은 생각이 드나 보다

시간과 세월이 빚어낸 처방전

이제야 명약을 지어냈다

큰언니

강원도 첩첩산골
오밤중 들짐승도
잠이 든 지 한참 지난 시간

안간힘을 써도 여물지 않은 어깨에
매달린 두 생명
뱃속의 시간을 움켜쥔 외마디
넘쳐난 듯 모자란 듯

생명 하나는 어미의 짧은 외마디로
머뭇거리다 태어나고
그림자까지 가져간 서로 다른 삶
황망하다

임신 출산 어제로 지나갔다
평생의 시름을 탄생시킨 나의 두 어깨
어둑어둑 뜨겁게 더듬은 삼복
인생의 큰 페이지 넘긴다

속앓이

멀찍이 서 있는 가을 하늘
구름은 두둥실 마실 다닌다

시집살이처럼 여름 내내
비바람에 호되게 얻어맞고
중추절 조상님들 상차림에는
일등공신 손꼽히는 조선 솔잎

개성대로 빚어 놓은 며느리들 송편 콧대
동서들 애간장 꼭꼭 눌러 감추고
마음속 불이 타들어 가도 감추는 자랑
흉허물도 조물조물 곱게 싸맨다

보름달처럼 둥근 한가위
저 건너 순이네 개똥이네 송편 속은
무엇을 감추고 주무르고 있을까

골초

하얀 겉옷을 붉게 태우며
입술에 닿는 찰나
마음속 응어리와 단짝이다

담배 쪽쪽 한 모금 달게 날리면
저 깊은 곳까지 흔들어
최고의 맛에 분별력이 마비된다

암 발생 원인 니코틴
종횡무진 몸속에 길을 낸다

식후불연
세 걸음도 못 가는 중독성

애연가 의지는 묵언(默言)이다

명품 규수

전라남도 신안군 비금면 청정해역
뙤약볕에 그을린 짙푸른 단호박

칠월 초가 되면
유통 과정 없는 단호박 직거래
생산자의 당당한 이름이 보증수표다

옛날에는 얼굴 한번 본 일 없는 규수와
가문과 가문끼리 믿음으로 혼인을 했다

신용이 바탕인 상표의 시대
시대는 편리함으로 바뀌고
번거로운 발품은 생략이다

주문 한마디에 멀고 먼 농가가 달려온다

택배는 주소를 들고
곱게 싸맨 규수를 집앞까지 배달한다

절반의 마음

어제도 그렇게 보냈어요

만나는 횟수는 늘었는데
절반은 아직 그에게 닿지 못했어요

차가운 겨울밤
오버 속에 끌려가는 손
작은 주머니 속에서도 허락지 않는 손

부끄러움인 줄만 알았는데,

많은 시간이 시곗바늘처럼
우리에게 다가왔지만
원하는 눈빛을 얻지 못한 채
어제도 그렇게 가버렸어요

마음이 마음을 만나지 못해
오늘도 절반의 체념을 들고
그렇게 보냈어요

혼자 드실라우

남편은 감나무 위에서 서툰 몸짓으로
가을을 하나씩 던지고 있다

이놈 저놈 주무르다
주먹 안으로 꽉 차게 들어오는 붉은 열매
좋아서 어쩔 줄 모르다 아내에게 내던진다

소쿠리에 가을이 하나둘 쌓인다
힐끔거리며 지나는 행인들
몇 개씩 집어주고
가을이 준 자랑 무상배급이다

보일 듯 말 듯 감나무 위에서
나뭇가지 흔들어대며
저놈의 여편네, 몽땅 퍼주네
볼멘소리 머리 위로 떨어진다

늘어지게 낮잠 자던 봉순이도 짖어대고

혼자 드실라우,
감나무를 위해 당신이 동행한 것이 뭐 있다고

5부

성장기 온도

거지의 보물자루

마음처럼 꽉 막힌 움막에는
틈새 하나 없는 그만의 둥지
허리 접어 거적때기 밀쳐낸다

헝클어진 머리에 낡은 모자
자존심 가려주는 검은 뿔테 안경
대나무 지팡이는 신호등이다
어깨에 매달린 동냥자루 재산목록 1호다

이집 저집 달그락달그락
수저 놓기 전에 들어서야 한다
반쯤 먹은 밥그릇에서
한 술씩 덜어낼 때가 골든타임

집집이 스며들어 숨가쁜 하루
신발 신은 채 누우면
마음을 담아 덜어준 감사한 끼니들
눈먼 거지의 몸짓도 두 손이 모아진다

미래문고

부개역 고가 넘어 우측 서점
지하 입구에서부터 잡아당기는
향기로운 책 냄새 서둘러 만난다

미래를 예언하는 미래문고
늘 가까이 하는 詩가 나와 동행할 노후이다

주제와 소재를 찾는 혜안의 강의
백지에 언어로 그린 그림
글쓰기의 마음 근육을 키운다

미래에 싹이 틀 가슴에 시심을 품고
아름다운 글밭을 일궈
살아갈 발자국 명품인생을 만든다

얇은 봉투

그날이면 봉투 하나 건네받는다
눈짐작으로 두께를 가늠하며
손짐작으로 왜 이렇게 얇아
중얼거리며 뒤돌아 세었다

며늘아기가 건네받는
아들의 봉투
두툼하고 묵직하려나
마음으로 훔쳐내는 짐작이다

내 젊음을 끌고 간 시간들은
활을 당기듯 멀리 더 멀리 보내고
가지런히 남은 활집만
극진하게 어루만진다

활기 넘치던 당당한 어깨
집 안 가득 채웠던 큰소리는 어디로 가고
듬성듬성한 흰머리
남은 세월처럼 얇아진 봉투는
내 사랑으로 채워본다

인천공설운동장*

한때 빨래터였던
도원동에 자리잡은
가장 오래된 공설운동장

어린 양들의 잔칫날
인천시 초등학교 새싹들 대운동회
하늘에 닿을 듯
무럭무럭 자라는 나라의 기둥들

날아라! 새들아,
학교 순위 가려내는 꽃들의 행진이다

빨래 방망이 소리 들리던
그리운 옛터
어릴 적 추억이 깃든
숭의동 공설운동장

* 인천 축구 전용 경기장.

소리 없이 다가오다

감 잡으러 온 봄
겨울을 조금씩, 조금씩 밀어낸다

살랑바람도 슬쩍 보내보고
놀라지 않게 잔비도 내려주며
구석진 곳 잔설도 녹인다

삶의 조각들
건강 나이도 겨울처럼 밀려간다

어두운 창문이 강한 불빛에 환해질 때
침대에 누웠던 몸을 벌떡 일으켜
창문을 열고 내려다본다

언제 들어도 두근대는 구급차 소리
어둑어둑한 골목 안 사람들 웅성거리고
환자를 옮기는 봉사자들 발소리 급하다
다급히 따라붙는 가족들 맥박 소리 들린다

어느 사이 잔비 소리 굵어져
시나브로 그의 몸이 말을 걸어 오고
감 잡으러 온 봄에게 조금씩, 조금씩 밀려난다

소윤이와 21일

창문에 닿은 아침 햇살 싱글벙글

방문이 스르르 소리 없이 밀린다
고사리손
눈꺼풀 비벼대며 네 발로 앙금앙금
작은 천사 얼굴을 내민다

꿈속에서 누구와 놀았을까
동생 낳으러 병원 간 엄마 아빠
생각날까 손끝 소품으로
시선을 집중시킨다
시나리오도 없는 무명 연극 즉흥 쇼
대본 없는 각색 할미의 오두방정은
오늘도 기저귀 찬
한 관객을 위해 혼신으로 쏟아낸다

눈뜨는 시간부터 요정(妖精)과의 여정
먼 훗날 이 자리에 없어도
따뜻이 덥혀주던

할미에게 준 귀한 선물

밝은 햇살 소윤이

성장기 온도

중심도 흔들리는 어두운 추위
눈망울 굴리는 짧은 치마
구멍가게 앞에서 내 발걸음 막는다

가녀린 몸
앞머리 둥글게 말아 올리고
주머니 속 삼천 원 꺼내
소주 두 병만 사주세요

어른 흉내를 내고 싶은
질풍노도의 시간
가장 고은 젊음을 방치하는
어둠이 짙게 깔린 골목 안

교복이 짐이 되는 사춘기
이차적 성장기 뜨겁게 태우는
여학생에게 맞지 않는 소주 온도
사춘기 일탈이다

다이어트

신흥동 수인역
봉급을 받으면 한 달 양식
장만하러 가는 동네 미곡상

때를 알고 모이는 동네 참새들
하루에도 몇 차례씩 날아와
양 날개 느긋하게 펴고
맛있다는 소리 끼리끼리 바라본다

음식이 넘쳐나도
양만큼만 먹고 가볍게 날아간다

시간이 갈수록 늘어나는 허리
식탐에 어눌해지는 마음
바로 잡지 못하는 습관은
미물에게 교훈을 얻는다

배고팠던 세상

배고픈 세상은 지나갔다
배를 주린 시절은 오지 않는다

세월은 가고
대국 북망산이
사라진 지도 역사의 한 자락이다

수치심도 죄의식이 무엇인지 모르던
어린 시절의 대국 북망산*
배고파서 흐느끼던 어린 시절
제물 음식을 훔쳐 먹던 동네 아이들
그때 그 아이들
지금 어디에서 무엇을 하고 있을까

세월은 달라졌다

살이 찌는 것이 흠이 되는 세상
멀리 성형외과 입간판이 바람에 흔들리고
달리고 뛰고 앞서거니 뒤서거니

문학산 둘레 길을 걷는 사람들
예뻐져야 하는 맵시의 세상
한 떼의 무리
처녀들은 로데오 거리를 촘촘히 몰려간다
    * 선인재단 자리.

밥 먹고 가

아침밥도 거르고 서둘러 나선 운동
땀방울 흠뻑 흘린 후
한 끼니 채우는 공기밥은 적과의 동침이다

밥 먹고 가, 밥 먹고 가

집집이 밥은 넘쳐나지만
같은 공간에 하나 되는 동호인의 점심밥
마주보는 자리에서 나누는 호흡
묻어 두었던 애경사 가슴앓이도
분주하게 담아 놓는 그릇의 반찬처럼
맵고 짜고 싱겁다

술이 몇 순배 돌아가고 눈 맞추며 먹은 음식들도
쏟아낸 후일담도 깊게 숙성시킨다

뿔뿔이 흩어져 각자의 자리로 돌아가는
발목을 잡는 우렁찬 목소리, 밥 먹고 가

녹봉의 주름

길에 쌓인 해거름
남편은 낮에 새우잠 자고
이른 저녁 출근을 한다

낮에 누워있던 체온
시간에 흐름으로 가라앉혀도
'손 쥐' 하며 다가온다

기우는 그림자 비틀거리는 나이
이마에 드러누운 녹봉의 주름
노을 옷깃 저민 나날이다

낯선 별의 이름을 묻고 세면서
변함없는 마음으로 돌아보니
구석에서도 힐끔 공기로 다가선다

나 언제 쉬리오

어둠이 짙게 깔린 병원

한낮에도
빛과 전등이 번쩍이는 수술방
마취제는 마지막일까

실과 바늘로 길게 꿰맨 상처
4인실 보호자들도
포근히 감싸주는 허락된 잠시간

허물어진 건강을 세우는 팔십대 노모
산소 호흡기로 명줄을 맡기고
어디쯤에서 꿈을 꾸는지
밤을 더듬는 악몽 속
"지금 몇 시여, 지금 몇 시여, 영감 밥해 주러 가야 혀"
사관생도처럼 절도 있게 반복하는 선몽

들판도 몸을 풀고 쉬는 나이련만
세월 따라 기울어진 시간

노모는 온기가 있는 한
영감, 무엇을 더 줄 수 있을까 궁리한다

반쪽이
손끝에서 슬그머니 놓아질 때까지

내가, 이 집에 다시 올 수 있을까 —심근경색

거실 한가운데 우뚝 서서
집 안을 휘둘러본다
다급하게 정리할 것은 없는지
손때 묻은 가재도구 더 묻지 못하는 안부
무슨 말을 더 하고 싶은지
주방을 한 번 더 바라본다

먹구름이 어둠을 뚫고 밀려오는 밤
작은 손가방에 세면도구
화장품 샘플 속옷 세 벌
가벼운 카드 한 장
막차 놓칠까 조급하게 서두른다

몇십 년 숨 쉬고 숨 담았던 소유물들
글썽이는 눈 카메라로 가득 담아
들리지 않는 혼잣말처럼
안녕, 안녕, 안녕

짧은 인사를 숨가쁘게 던지고

깊어서 토해내지 못한 남은 이별은
현관문 세차게 열어 부서지게 닫아버렸다

내가 이 집에 다시 올 수 있을까
깊이 팬 주름 다독이며 익숙하게 누렸던
관리할 수 있는 전부는 가벼운 샘플 몇 개
속옷 서너 벌
카드 하나가
내 인생의 마지막 결산서인가

성모당* 개미동네

찜통더위 열대야는 길어지고
삼복이 들어 있는 팔월
정오의 기세는
마치 장작불을 지피듯 뜨겁다

개미들은 제 몸보다 더 큰 짐을 지고
숨가쁘게 제집 찾아 들어가고
나는 이마의 굵은 땀방울 손수건으로 꾹꾹 누르며
푸르른 나무 그늘로 들어간다

불볕더위 속에서도 흔들어대는 나무들
손님맞이 공손하다
타원형의 돌 평상과 의자가 몸을 주저앉히고
흙바닥의 진한 냄새
푸릇한 핑크빛 시인 시집을 든다

만반의 준비가 책장을 넘긴다

얼마 전에 새로 장만한 샌들 덧신 위에

개미의 위대한 힘이
소리 없이 올라앉아 발등을 폭행하는 볼멘소리
품위 독서 삼매경은 딴 데 가서 하시오
여기는 작업을 멈출 수 없는
사투가 벌어지는 산업현장
노동자 작업 중이오
   * 도화동 박문여고 자리.

건전지

평상시에 굼뜨고 한 박자씩 느린 사람
오늘은 손과 발이 분주하다

대문의 자동키
방마다 벽시계의 건전지
수도배관도 천을 감고
집 안도 환하게 등도 갈아 끼웠다

망각을 깨우는 시간
오늘도 내일도 어제처럼
시나브로 건강의 적신호
간판 없는 약국을 차리고 있다

구분되지 않는 늦가을 냄새
용량만큼 남은 무늬
배터리 교체하면
내일도 어제같이 환해지겠지

만추

가랑비처럼 조금씩 비축된 통장
슬며시 나잇살이 붙어
배 둘레 군살 제법이다

하늘은 높고 풍성한 추수
누런 나이만큼 여물어 가는 건강
대사증후군 숫자 조금씩 올라간다

세월은 시간과 동업을 하고
황혼길 저물어가는 노부부
이슬비에 젖는 잔고 가벼워진다

늙수레한 가을의 미학
더 볼 수 없는
건강 나이는 얼마나 남았을까

해설

해설

누적된 일상에서 찾아낸 삶의 기호들

마경덕 시인

'중심'이 있는 곳에는 중심을 둘러싼 '주변'의 것들이 존재한다. 중심에 초점을 맞추다 보면 주변에 내포된 문제점을 놓치곤 한다. 현실에 저항하는 시 쓰기는 관심 밖으로 버려진 대상을 살피고 고정된 현실의 이면을 새롭게 읽어낸다. 잃어버린, 또는 대면한 삶의 불확실한 기호들, 의식의 불완전성, 부재의 고통, 그 한 조각에서 특별한 의미를 발견하는 일이다. 사소한 문장 하나가 작품으로 재가공되면서 삶의 의미를 환기시킨다. 자기묘사가 강한 시인은 자신의 개별성과 독특성으로 타인과 구별된 색채를 찾아낸다.

권정운 시인은 사소한 삶의 방식이 작업의 '중심점'이다. 시인은 자신의 관점으로 폭넓게 세상을 만나고 있다. 다양한 경험으로부터 발생한 기억의 이미지를 생활과 접목하고 생성하고 소멸하는 순환의 과정을 주시한다. 기억은 변형될 수 있고, 개인의 자유의지에 따라 수정할 수 있지만 몸에 각인된 기억은 현재의 시간과 호흡한다.

시인은 자신의 감정을 섣불리 봉합하는 방식을 피해 한 알의 사탕을 입 안에서 천천히 음미하듯 흘러간 시간을 소환하고 회유한다. 쓸쓸하게 저물어 가는 것들, 모래알처럼 손아귀를 빠져나가는 것들, 더는 돌이킬 수 없는 것들, 소리 없이 짧아져 가는 것들, 그 모든 것이 누적된 일상에서 '삶의 의미'를 담아낸다. 시인이 보여주는 일상의 '작은 신호들'은 서정과 서사로 결합되어 과거와 현재를 오가며 하나로 이어진다. 마주한 일상은 시가 되고 한 권의 시집은 '실천의 결과물'이라는 점에서 주목할 만하다.

> 노동을 마치고 축 처진 어깨
> 하루해를 지고 버스에서 내린다
>
> 철길 너머 희미하게 보이는
> 초가집 불빛
> 온기가 가슴에 닿는다
>
> 그림자가 앞서 걷고
> 발소리가 뒤따라간다
>
> 가난의 바람에 등 떠밀린 장남

병든 노모와 어린 누이
온종일 작업등 불빛 아래 아픈 상처 때우고 왔다

추운 살림살이에 혼기마저 놓친 텅 빈 마음
그 무게를 지고 걷는다

오늘은 어느 빙판을 건너왔을까
그리움이 시작되는 곳은 언제나 춥다

인기척 먼저 집으로 들여보낸 오빠
생각에 젖어 어둠 속에 서 있다
—「오빠의 귀가」 전문

  사회적 역할이 개인의 '정체성 형성'에 영향을 미친다. 국가와 사회, 그 시대의 문화와 접속하며 살아가기 때문이다. 주류를 이룬 문화가 실생활에 개입되면 행동이나 생활 양식이 달라진다. 가난했던 1970년대 장남은 가족을 돌보는 책임을 져야 했다. 효(孝)가 우선이었던 그 시대는 가족의 유대가 끈끈했다. 방직공장, 가발공장, 봉제공장에서 일하던 소녀 가장들도 많았다.
  개인의 서사를 뛰어넘어 인간의 '근원적인 비애'를 보여주는 「오빠의 귀가」는 가장이 되어 버린 오빠의 '귀가'에 주목한다. 한 사람이 정해진 일정을 마치고 반드시 돌아와야 하는 곳이 있고 그곳에서 다시 시작되는 내일이 있다. 그동안 은 가족을 먹여 살리는 희망은 이런 방식으로 이어져 왔다.

 온종일 작업등 불빛 아래 아픈 상처 때우고 온 한 사람의 일상은 어둠 속에 묻히고 있다. "오늘은 어느 빙판을 건너왔을까 / 그리움이 시작되는 곳은 언제나 춥다"에서 알 수 있듯이 빙판을 디디며 하루하루 살아가는 삶이다. 미끄러져 엉덩방아를 찧어도 조심조심 걸음을 떼어도 또 앞을 가로막는 가난이라는 장애물들, 가족을 돌보는 책임이 우선이었던 장남은 개인의 행복을 돌아볼 겨를이 없다. 인기척을 먼저 들여보내고 생각에 젖어 어둠 속에 서 있는 모습에서 냉정한 현실에 의해 '묵인된 슬픔'은 오롯이 혼자의 몫이라는 걸 알 수가 있다. 어려움과 맞서는 장남의 고충은 당연시되고 가족을 위한 희생은 암울한 기운을 막아내는 '방어기제' 역할을 한다. 「오빠의 귀가」는 개인의 내면에 '응축된 상처'를 통해 그 시대에 주어진 책임과 '혈연의 관계'를 돌아보게 한다.

 삼월의 꼬리가 밟힌다

 아들 생일
 챙겨주지 못한 아쉬움이
 전화선을 타고 달려간다

 잠시 머물다 오는
 깔끔한 인사
 엄마 고맙습니다

어린것들의 소꿉놀이
깨진 장난감 바구니 안에 수북한
손때 묻은 플라스틱 소방차, 경찰차
아이들의 웃음소리도 담겨 있다

품 안의 시간은 여기까지일까

밀고 당기며 먼길 와준 중년의 아들들
어느 사이
조금씩 내 손을 놓는 중인가

—「슬하의 시간」 전문

  슬하(膝下)는 '무릎의 아래'라는 뜻으로, 주로 부모의 보호를 받는 테두리 안을 이른다. 누구에게나 한때 슬하의 시간이 있었을 것이다. 그 보호 아래 어린아이들은 전적으로 보살핌을 주는 대상과 밀착 관계를 이룬다. 아이에게 부모는 절대적인 존재이다. 성인이 되어 슬하를 벗어난 아이들은 부모와 거리가 느슨해지고 자기의 세계에 몰두하지만 아직도 모성은 사랑의 끈을 붙잡고 있다. 시적 화자인 시인은 아이들의 흔적을 살피며 아이들의 웃음소리가 들리는 그때의 시간으로 돌아간다. "어린것들의 소꿉놀이/ 깨진 장난감 바구니 안에 수북한/ 손때 묻은 플라스틱 소방차, 경찰차" 이젠 쓸모없는 것들도 버리지 못하고 있다. 벌써 중년이 되어 버린 아들 생일을 챙겨주지 못한 미안함이 전화선을 타고 달려가지만 의례적인 짧은 인사가 다녀간다. 먼길을 와준 아들들의 모습도 멀어져 가고 품 안의 시간은 조금씩 손을 놓는 중이다. 아이를 돌보던 기쁨은 어느새 퇴색하고 늙어 가는 어머니는 돌연 낯선 지점에 서 있다.

「슬하의 시간」은 '내리사랑'을 잘 보여준다. 부모가 자식을 위해 무엇이든 해주고 싶은 마음, 자식이 성장해도 여전히 걱정하고 감싸주는 태도 등이 '내리사랑'의 대표적인 예이다. 반대로 '치사랑'은 '내리사랑'과 반대되는 개념이다. '내리사랑'은 있어도 '치사랑'은 없듯이 아랫사람이 윗사람을 그만큼 사랑하기는 어렵다. 부모와 자식간의 사랑이 딱 그렇다. 사랑은 물 흐르듯 아래로 향한다. 자식에 대한 사랑은 아들에게 그 아들은 또 자신의 자식에게로 대물림될 것이다.

텅 빈 집
적막이 그녀를 감싼다
작은 소리마저 사라진 45평 큰집

아이들 웃음소리 여섯시 내 고향
세상 사는 먹거리장터 동네 한 바퀴
트롯트 가수 노래자랑에도 혼자 노는 TV 소리

영감은 손이 닿지 않는 먼 곳으로 떠나고
그녀의 손으로 손주들 다섯을 길러내었다

가까이 지내던 친구들 다 흩어지고
이웃들도 귀향이다 역세권이다
장래가 보이는 좋은 곳 찾아 모두 떠났다

핸드폰만 곁을 지키며
무릎관절 허리통증 골다공증 특효약 구매 소리친다

위층 1004호 밤 열 시가 넘는 시간
밥벌이하고 들어서는 식솔들
시야가 환해지는 소란한 소리
반갑다

이제 마음 놓고 푹 잠들 수 있다
―「소리 나는 아파트」 전문

  45평 아파트에 혼자 남은 노인은 '적막과 동거 중'이다. 그 적막을 깨트리는 것은 TV 소리이다. 가까이 지내던 친구들 다 흩어지고 그의 곁을 지키는 휴대폰으로 무릎관절 허리통증 골다공증 특효약 광고만 찾아온다. 주변에서 흔히 볼 수 있는 노년의 쓸쓸한 모습이다. 층간소음은 빈번하게 이웃과의 문제로 야기되고 있지만 노인에게는 그 소음마저도 반갑다. 밤 열 시가 넘어야 위층 1004호에서 인기척이 들린다. 밥벌이하고 들어서는 식솔들의 소란한 소리에 이제 마음 놓고 푹 잠들 수 있다니 얼마나 쓸쓸한 삶인가.

고령화 시대에 문제점으로 떠오른 노년의 고립감, 우울증, 고독사는 주변에서 종종 만날 수 있다. 인간은 사회적 동물이기에 타인과 격리되어 소통하지 못할 때 대부분 외로움을 느낀다. 신경과학자 존 카시오포는 사람들이 외로움을 느끼도록 진화했다고 주장한다. 외로움 때문에 인간이 서로 협력하고 다른 사람을 만나게 된다는 것이다. 홀로 사는 법은 "고독감을 고독력"으로 승화시키는 것이라고 한다. 이제 고독을 이기는 힘이 필요한 시대이다.

오스트리아의 동물학자 콘라트 로렌츠(Konrad Lorenz)는 의학 공부를 하는 동안 계속해서 동물 행동에 관해 자세히 관찰하였다. 새끼 거위들은 알에서 깨어났을 때 사람이 곁에 있으면 그 사람이 엄마인 줄 알고 따라다니지만 다른 새끼 오리들은 사람을 피해 구석으로 몰려들었다. 로렌츠는 그 차이가 어디서 오는가를 관찰하고 오리들은 엄마의 모습이 아니라 소리를 듣고 엄마인 줄을 알게 된다는 것을 발견했다. 이처럼 노인의 '고립된 공간' 안으로 들어온 '소음'은 따뜻하고 안도감이 넘치는 '소리'로 변용된 것이다.

늦잠은 달콤하다
이불 속에서 꼼지락꼼지락
베개를 베고 나란히 늦은 아침을 누린다

창문을 두드리는 짹짹짹
어서 일어나라고 참새가 아침을 쫀다

제비들은 강남 갔는데
쟤네들은 왜 강남 안 가나?
집이 여긴데 어디를 가
쟤들은 텃새야, 텃새

질문을 주고받는 나이든 부부

나도 쟤들처럼
내내 당신 곁에서 꼼짝하지 않고
텃새처럼,
텃세를 부리며 살아야지
—「쟤네들은 왜 강남 안 가」 전문

  늦은 나이에 알콩달콩 늙어 간다는 것, 같은 자리에서 잠을 자고 나란히 눈을 뜰 수 있는 일도 일상의 행복이다. 부부가 이불속에서 꼼지락꼼지락 달콤한 늦잠을 누리고 있다. 그때 훼방꾼처럼 참새 소리가 끼어들고 어서 일어나라고 느긋한 아침을 쫀다. "제비들은 강남 갔는데/ 쟤네들은 왜 강남 안 가나?" 느닷없는 남편의 질문에 아내는 그들의 집이 여기라고, 텃새라고 답한다. 마치 텃새가 텃세를 부리는 새처럼 들린다. 텃세는 먼저 자리 잡은 사람이 뒤에 오는 사람을 괴롭히고 업신여김을 이르는 말인데 어쩌면 시인보다 참새가 더 먼저 이곳에 터를 잡았는지도 모른다.

달콤한 행복을 좀더 누리고 싶은 남편의 투정을 들어주는 아내는 "나도 쟤들처럼/ 내내 당신 곁에서 꼼짝하지 않고/ 텃새처럼,/ 텃세를 부리며 살아야지"라고 응수한다. 이 얼마나 찰떡같은 관계인가. 따뜻한 대화는 심리적 안정감을 주고 사람과 사람 사이를 이어준다. 서로의 감정을 이해하고 공감하는 과정에서도 대화가 필요하다. 가족끼리도 대화가 단절된 시대에 부부가 주고받는 사소한 일상의 대화가 행복인 것을 깨닫게 해준다.

첫단추 하나 잘못 꼈는데
모양새가 비틀어지고
하루의 일과가 어긋난다

다니던 길도 자칫 엉뚱해서
약속된 시간 밖을 헤맨다

휴대폰에 저장된 약도를 들고
암탉 쫓는 수탉처럼 이리저리 사납다

같은 곳을 물어도
생각이 다른 사람들
가리키는 곳은 제각각 색이 다르다

세상이 공존할 수 있는 색은

하나가 아니다
빨주노초파남보가 지구를 돌게 한다
　　　　　　　　　—「시간 밖에 서서」 전문

　인간은 관계 속에서 의미를 찾는다. 사람은 태어날 때도, 생을 마감할 때도 누군가의 손길이 필요한 '의존적인 존재'이다. 성인이 된 후에도 끊임없이 누군가와 연결되어 감정을 교류하며 관계 속에서 살아간다. 사소한 습관은 한 사람의 인격이 되고 그 인격은 우리 '사회의 품격'을 결정한다고 한다. 인간은 사회적 동물이라고 했던 그리스 철학자 아리스토텔레스는 인간이 생존하기 위해서는 '밥'만으로는 부족하고 더불어 필요한 한 가지는 '사랑'이라고 했다. 타인을 위한 배려는 사회에서의 결속감을 강화시키는 사회적 고리가 된다.
　많은 사람들이 오답을 정답이라고 믿으며 각각의 색으로 질문하고 대답한다. 오늘 아침 동네 버스정류장에서 만난 중년의 남자는 말귀가 무척 어두웠다. 시간 밖에 서서 시간 안으로 들어오기 위한 노력일까. 여인의 친절한 대답에도 몇 번이나 같은 질문을 반복했다. 곁에서 지켜보는 필자의 가슴이 답답해졌다. 귀찮아서 대답을 멈출 만도 한데 젊은 여인은 끝까지 상냥하게 길을 안내하고 있었다. 작은 배려를 베풀 줄 아는 사회에 꼭 필요한 사람이었다. 선한 사람과 악한 사람이 뒤섞여 빨주노초파남보로 지구는 돌아가고 있었다.

　　촛불을 밝혀도

무릎을 꿇어도 마음이 어수선하다

고전이 꽂힌 작은 책장
침대와 장롱 사이 디귿자 만들고
그곳에 내 몸 끼워 앉힌 의자
쓰임이 적어 밀어냈던 원목 찻상이다

디귿자에 기대어 두 손 모으는 시간만은
누구에게도 들키고 싶지 않아
풀포기에 숨어 있는 미물같이
마음도 끌어안고 몸도 움츠려 본다

선한 눈망울도 침묵의 입술도
시간이 답이 되는
하늘과 밀착시킨 나만의 아늑한 둥지
눈 감고 귀 열고 하루를 만든다

―「은신처」 전문

  은신처란 몸을 숨기는 곳이다. 무슨 잘못을 해서 숨는 것이 아니라 시인은 잠시 소란한 세상과 격리되고 싶은 것이다. 오롯이 자신을 만나기 위한 장소는 침대와 장롱 사이 디귿자의 틈이다. 쓰임이 적어 밀어냈던 원목 찻상이 그 틈을 차지하고 있다. 마음이 시끄러운 날 시인은 그곳에서 기도 중이다. '신과 대면한' 이 시간은 들키고 싶지 않은 고백들이 은밀히 쏟아진다. 그 누구도 끼어들 수가 없는 이 틈은 하늘과 밀착시킨 아늑한 둥지가 된다.

　김영하 소설가의 은신처는 서재였다. 서재를 잠수함이라고 표현한 그는 "다른 일들이 벌어지는 물 속 깊은" 곳으로 내려가 현실과 다른 공간을 만난다. 서재는 책 속의 타자를 대면하는 공간이기에 낯선 것을 만나는 방법은 독서이며, 책이라는 작은 공간은 거대한 "확장성을 가진 공간"이 된다. 김영하 소설가는 현재와 단절된, 누구의 간섭도 받지 않는 곳에서 남들이 쓰기를 주저한 '생각 밖의 것들'을 찾아낸다. 이처럼 시인 역시 자신만의 공간에서 더 넓은 세상을 만나기를 원한다. 권정운 시인은 자신만의 은신처에서 미물처럼 웅크리며 하늘을 향해 '삶의 방향'을 묻고 있다.

　　씨앗 하나
　　흙이 덮이고 뿌리를 내린다

　　둘째 큰집 조카
　　배정된 중학교 첫날
　　한없이 크게 보이는 학교마당
　　낯선 교실 과목마다 온통 내리누르는 중압감
　　가방조차 짐이 되는 코흘리개

　　공부 잘하게 생긴 삼각형 머리
　　분필 묻은 선생님의 손

어린싹을 볕이 좋은 옥토에 옮겨놓았다

'고 녀석'이라는 애칭

뿌리까지 건조해 앙상했던 그늘 속
'고 녀석'이라는 칭찬은
그를 인생의 맨 앞자리로 옮겨놓았다
―「애칭의 힘」 전문

  말 한마디의 힘을 잘 보여주는 작품이다. 칭찬하면 고래도 춤춘다고 하지 않던가. 씨앗 하나가 일어서려면 많은 과정이 필요하다. 씨앗을 덮어줄 흙과 그 씨앗을 키울 많은 조력자들이 있어야 한다. 배정된 중학교 첫날, 어린 조카에게는 낯선 세상이다. 넓은 마당과 낯선 교실, 낯선 과목, 가방의 무게도 녹록지 않다. 공부 잘하게 생긴 삼각형 머리라고 쓰다듬어 준 분필 묻은 선생님의 손은 큰 힘이 되었다. '고 녀석'이라는 애칭이 붙고 아이는 자신감을 얻었을 것이다. 그리고 그 한마디는 그를 인생의 '맨 앞자리'로 옮겨 놓았다고 한다. 누군가의 한마디는 싹을 꺾고 맨 뒷줄로 밀려나게 할 수도 있다. 서울대 명예교수인 박동규 교수의 글을 인용해보면 한마디의 칭찬의 힘이 얼마나 대단한지 알 수가 있다. 힘들 때 어머니의 격려가 큰 힘이 되었음을 보여주는 일화이다.

  초등학교 육학년 때 육이오 전쟁이 나고 아버지는 한강을 건너 남쪽으로 가셨는데 인민군 치하에서 한 달이 넘게 기다려도 국군은 오지 않아 어머니는 아버지가 계신 남쪽으로 가자고 하셨다. 우여곡절이 많은 피난살이 도중 다시 서울로 돌아오게 되었다. 어머니는 아끼던 재봉틀을 쌀로 바꾸어 쌀자루에 끈을 매어서 나에게 지우시고, 어머니는 어린 동생과 보따리를 들고 서울로 다시 돌아오게 되었다. 평택에서 수원으로 오는 산길로 접어들어 한참을 가고 있을 때 젊은 청년이 "무겁지, 내가 좀 져 줄게"라고 하였다. 한참을 가다가 갈라지는 길이 나왔다. 나는 어머니를 놓칠까 봐 "아저씨, 여기 내려주세요. 어머니를 기다려야 해요" 하였다. 그러나 청년은 내 말을 듣는 둥 마는 둥 "그냥 따라와" 하고는 빠른 걸음으로 가버렸다. 청년을 따라가면 어머니를 잃을 것 같고 그냥 앉아 있으면 쌀을 잃을 것 같아 당황해서 큰소리로 "아저씨!" 하고 불렀지만 청년은 뒤도 돌아보지 않고 가버렸다. 나는 그냥 그 자리에 주저앉아 있었다. 한 시간쯤 지났을 즈음 어머니가 동생들을 데리고 오셨다. 길가에 울고 있는 나를 보시더니 "쌀자루는 어디 갔니?" 물으셨다. 나는 청년이 져 준다면서 쌀자루를 지고 저 길로 갔는데, 어머니를 놓칠까 봐 그냥 앉아 있었다고 했다. 그때 어머니는 내 머리를 껴안고 "내 아들이 영리하고 똑똑해서 에미를 잃지 않았네" 하시며 우셨다. 그런 위기 상황에 생명줄 같았던 쌀을 바보같이 다 잃고 누워 있는 나를 영리하고 똑똑한 아들이라고 칭찬해 주시다니…. 그 후, 어머니에게 영리하고 똑똑한 아이가 되는 것이 내 유일한 소원이 되었다. 내가 공부를 하게 된 것도 결

국은 어머니에게 기쁨을 드리고자 하는 소박한 욕망이 그 토양이었다.

거실 한 가운데 우뚝 서서
집 안을 휘둘러본다
다급하게 정리할 것은 없는지
손때 묻은 가재도구 더 묻지 못하는 안부
무슨 말을 더 하고 싶은지
주방을 한 번 더 바라본다

먹구름이 어둠을 뚫고 밀려오는 밤
작은 손가방에 세면도구
화장품 샘플 속옷 세 벌
가벼운 카드 한 장
막차 놓칠까 조급하게 서두른다

몇십 년 숨 쉬고 숨 담았던 소유물들
글썽이는 눈 카메라로 가득 담아
들리지 않는 혼잣말처럼
안녕, 안녕, 안녕

짧은 인사를 숨 가쁘게 던지고
깊어서 토해내지 못한 남은 이별은
현관문 세차게 열어 부서지게 닫아버렸다

내가 이 집에 다시 올 수 있을까
　　깊이 팬 주름 다독이며 익숙하게 누렸던
　　관리할 수 있는 전부는 가벼운 샘플 몇 개
　　속옷 서너 벌
　　카드 하나가
　　내 인생의 마지막 결산서인가
　　　　　　　　　─「내가, 이 집에 다시 올 수 있을까」 전문

　반드시 '삶을 결산'해야 할 때가 온다. 누구나 불연속성의 시간 앞에 존재의 본질에 대한 질문과 만나게 된다. 예기치 않은 '본질적 고통' 앞에 우리는 한없이 움츠러든다. 우선인 것들에게 발목이 잡혀 용서를 빌 시간마저 때를 놓친 것은 아닐까. 필연적으로 오는 마지막 지점에서 우리는 '삶의 가치'와 '부질없는 것들'을 후회하며 깨닫는다. 죽음은 그동안 우리가 숨기고 살아 온 두려움을 자극한다. 고통을 받아도 "살아 있으라"는 신의 명령은 언제까지 유효한 것일까. 고통받을 육체를 가졌다는 것은 아직 살아 있다는 증거이지만 지연된 죽음을 미리 만나는 일이어서 막연한 두려움이 앞선다.

　필자가 만삭이었을 때 어른들이 이런 말씀을 해주셨다. 아이를 낳으러 방으로 들어갈 때 댓돌에 벗어둔 신발을 다시 신을 수 있을까 생각한다는 것이다. 그만큼 출산이 힘들고 고통스럽다는 것이다.「내가, 이 집에 다시 올 수 있을까」에서도 생사를 위협하는 두려움이 잠재되어 있다. 시인은 심근경색으로 병원에 입원을 앞두고 있다. "먹구름이 어둠을 뚫고 밀려오는 밤/ 작은 손가방에 세면도구/ 화장품 샘플 속옷 세 벌/ 가벼운 카드 한 장/ 막차 놓칠까 조급하게 서두른다"에서 불안한 심경이 드러난다. 이어서 "속옷 서너 벌/ 카드 하나가/ 내 인생의 마지막 결산서인가"라고 되묻는다. 이때의 심정은 당사자가 아니면 감히 가늠이나 할 수 있을까. 인연이 끊기는 시점에서 손때 묻은 가재도구와 주방을 한 번 더 바라보며 마지막 인사를 나누는 시인의 소회에 안타까움이 깃들어 있다.

    이름 뒤에 숨어
    어둑어둑 살아온 삶
    빛을 등지고
    꽃을 피우지 못한 시간도 많았다

    숱한 바람에 흔들리며
    부실한 나의 뿌리를 붙잡았다
    한 그루 나무가 되기까지
    그 가지에 새가 날아들 때까지

    강보에 싸인 그날부터
    조심조심 여기까지 버텨온 삶
    부모 형제 지인들 나의 울타리였다

    언제부턴가

새들의 노래가 담긴 정원엔
철따라 꽃이 피기 시작했다

메마른 세상
단비가 되어준 사람들
내 정원에 아름답게 피었다
― 「정운이의 정원」 전문

「정운이의 정원」은 이 시집의 표제작이다. 이 시 한 편에 그동안 살아온 삶의 지도가 있다. 이름 뒤에 숨어 어둑어둑 살아온 삶이지만 도움을 준 손길들은 모두 시인의 정원에 송이송이 꽃으로 피어있다. 시인이 살아낸 시간들이 얼마나 아름다운지 짐작이 간다.

'무의식의 방'을 발견한 프로이트는 알 수 없는 잠재된 무의식이 "인간의 생각과 활동"을 지배하게 된다고 보았다. 타인과 비교하며 주어진 환경을 원망하고 "생을 부정하는" 것은 참으로 어리석은 짓이다. 작은 일에도 감사하면 기쁨은 배가 된다. 황정산 평론가는 "삶에서 겪게 되는 자잘한 고통들을 감싸주고 위로해주는 작지만 따뜻한 그 소박한 노력들에 의해서 희망은 존재한다"라고 하였다. 작은 위로와 배려가 쌓이고 쌓여 꽃이 되고 마침내 시인이 꿈꾸는 정원이 되었을 것이다.

신이 허락한 범주에서 방사선으로 퍼져 가는 나무의 집짓기는 "시를 짓는 것"과 닮은 점이 많다. 퍼즐 조각들이 제자리에 배치되었을 때 하나의 그림으로 나타나듯이 "언어의 조각"을 맞추며 각기 다른 해석이 가능하도록 의미를 열어둔 시집 『정운이의 정원』은 서로 반목하지 않고 균형을 찾아 공존하는 '규범적 동형성(同形性)'에 초점을 맞춘다. 더 많이 얻기 위해 소중한 것들을 잃어가는 시대에 일상의 한 페이지 페이지가 얼마나 소중한지 개인의 서사를 통해 알려주고 있다.

권정운 시집_ 정운이의 정원

초판 인쇄 | 2025년 10월 25일
초판 발행 | 2025년 10월 30일

지 은 이 | 권정운
발 행 인 | 김호운
주   간 | 김민정

펴낸곳 | ㈜사단법인 한국문인협회 月刊文學 출판부
주소 | 서울시 양천구 목동서로 225 대한민국예술인센터 1017호
전화 | 02-744-8046~7
팩스 | 02-743-5174
이메일 | klwa95@hanmail.net
등록 | 2011년 3월 11일 제2011-000081호
ISBN 978-89-6138-565-7 03810

값 12,000원

저자와 협의해 인지를 생략합니다.
잘못 만들어진 책은 바꾸어 드립니다.